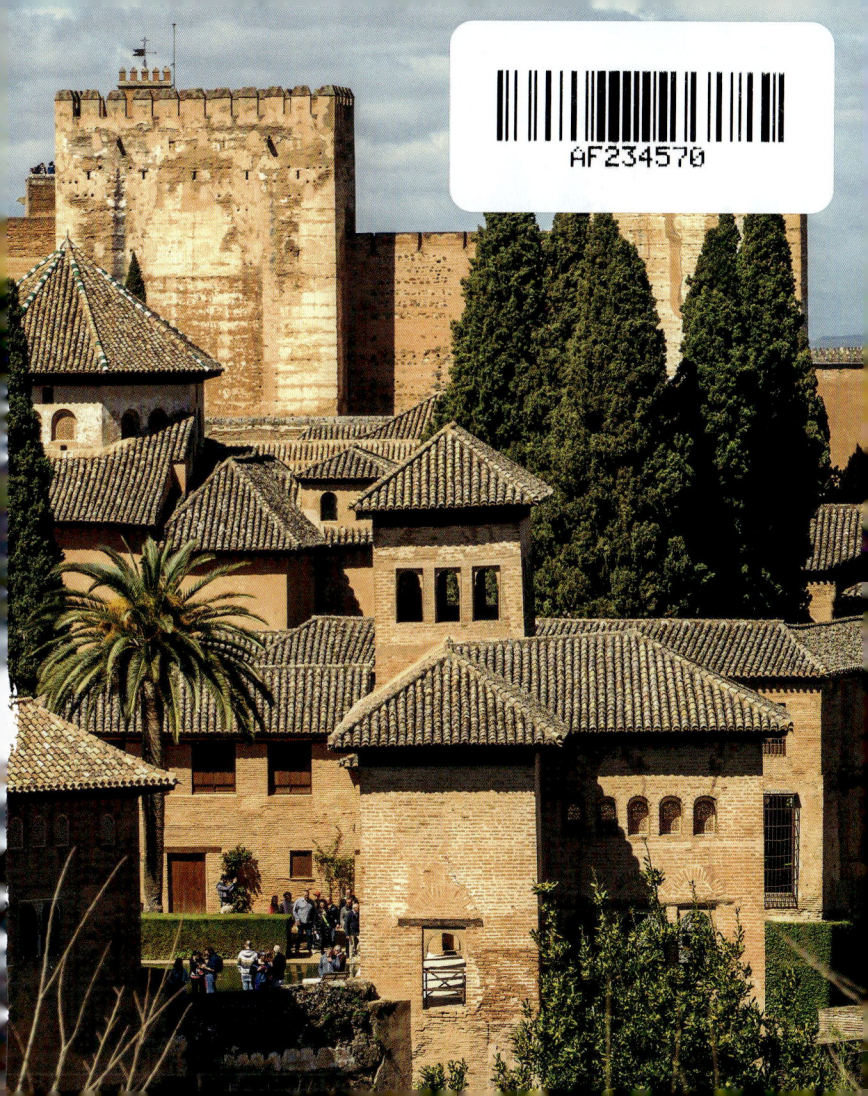

Palacios Nazaríes

Mexuar
Comares
Leones

Triangle·Books

MEXUAR

PALACIO DE COMARES

PALACIO DE LOS LEONES

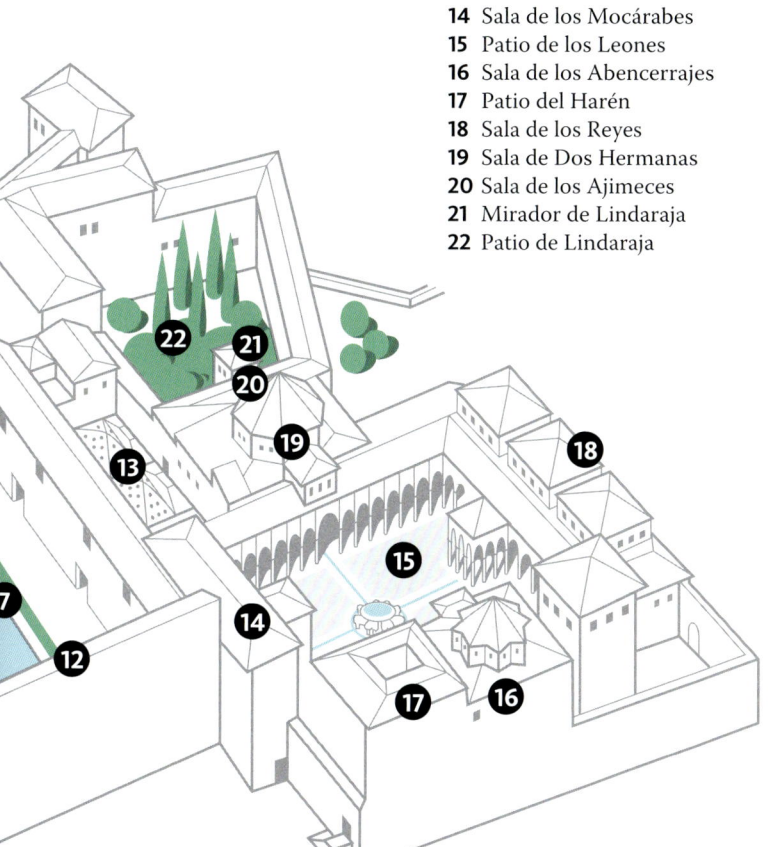

La Alhambra es una obra cumbre del arte universal en todas las escalas. Se contempla majestuosa a lo lejos, desde el mirador de San Nicolás, frente a las cumbres de Sierra Nevada, y también nos deslumbra en la corta distancia, cuando apreciamos toda la delicadeza de las filigranas que decoran sus muros. Entre el intrincado conjunto de fortificaciones, edificios y jardines que la forman, los Palacios Nazaríes destacan como el auténtico corazón de la ciudadela. Construidos en el siglo XIV, en ellos residían los soberanos de la dinastía nazarí. Allí trabajaba su corte y allí impresionaban a sus invitados, que quedaban asombrados por el contraste entre la austeridad del exterior y la ostentación de unas estancias y unos patios que han llegado a nuestros días con transformaciones pero en un envidiable estado de conservación.

EL MEXUAR

El Mexuar constituyó probablemente el salón del trono primitivo del palacio, antes de convertirse en el lugar donde se reunía la corte nazarí y donde el sultán impartía justicia. Tras la conquista de Granada en 1492, los Reyes Católicos lo transformaron en capilla y mandaron añadir una planta, cegando el lucernario que lo iluminaba. Pese a estos cambios, la decoración del Mexuar sigue transmitiendo la sensación de poder para la que fue concebida originalmente.

▲ El Mexuar debe su nombre a la palabra árabe *maswar*, que designa al lugar donde se reunían los consejeros del sultán. El pavimento de la sala, que combina baldosas de barro cocido y azulejos con símbolos heráldicos, es de fábrica posterior al dominio musulmán.

▶ En el proyecto original del Mexuar, las cuatro columnas de la sala sostenían una linterna central que servía para iluminar la estancia. Las reformas llevadas a cabo en el siglo XVI sustituyeron la linterna nazarí por un espléndido artesonado de madera.

▲ Detalle del zócalo de ali-
catado de la sala del Mexuar,
que combina la técnica
nazarí con simbología de
origen grecorromano, en
este caso, las columnas de
Hércules.

▶ La sala de Oración del
Mexuar rompe la alineación
con las estancias contiguas
para orientarse hacia la
Meca y ofrece magníficas
vistas del barrio del
Albaicín.

▲ Puerta lateral del patio del Cuarto Dorado, a través de la cual se accede a la sala del Mexuar.

▶ Arco central del pórtico, que da acceso al Cuarto Dorado.

▲ Las delicadas yeserías brillan en los arcos, los capiteles y los muros del patio.

▶ El refinado trabajo del yeso se hace evidente en este primer plano de uno de los capiteles del pórtico del Cuarto Dorado.

PALACIO DE COMARES

La extraordinaria decoración de la fachada del palacio de Comares, situada al sur del patio del Cuarto Dorado, inaugurada en 1370 por el sultán Mohamed V, anticipa la suntuosidad del palacio de Comares, el sector en el que se llevaban a cabo las tareas de representación de la corte. Del conjunto de estancias situadas alrededor del patio de los Arrayanes –provisto de un estanque donde se reflejan los edificios adyacentes– destaca el salón del Trono, la mayor habitación de toda la fortaleza, donde el sultán recibía a los emisarios foráneos.

▲ Muestra de la combinación de composiciones geométricas y vegetales que caracteriza la decoración de la fachada del palacio de Comares.

◄ Detalle del zócalo de azulejos de la fachada del palacio de Comares.

Las estancias del palacio de Comares se distribuyen alrededor del patio de los Arrayanes, con dos fachadas porticadas en los lados menores que daban acceso a los salones de representación y dos fachadas largas que escondían estancias privadas. Al fondo, la torre de Comares, la estructura más alta de la Alhambra.

▲ Las alhanías (*alhaníyyas*), pequeñas alcobas que flanquean los pórticos del patio de los Arrayanes, alojan delicadas muestras de zócalos de azulejos (arriba), así como de mocárabes y yeserías.

▶ La fachada sur del patio de los Arrayanes consta de planta baja y dos pisos. El superior reproduce el mismo orden de la planta baja: un pórtico de siete arcos, pero con el arco central adintelado. La construcción que había detrás de la fachada fue derribada al edificar el palacio de Carlos V. En las páginas siguientes, la fachada norte reflejada en el estanque.

▲ Detalle de los mocárabes polícromos que decoran las bóvedas de las alhanías, pequeñas estancias que se abren en los extremos de los pórticos.

▶ En los pórticos del patio de los Arrayanes, la superposición de las yeserías sobre los zócalos alicatados crea un interesante efecto arquitectónico.

▲ El colosal techo del salón del Trono, formado por piezas de madera de formas geométricas, está inspirado en los siete cielos del Corán, que culminan en el octavo, donde reside Alá.

► Perspectiva de los arcos de distinta morfología que cruzan la sala de la Barca y se abren hacia el patio de los Arrayanes.

Detalles de la decoración
de dos de las nueve salas
que se alojan en los gruesos
muros del salón del Trono,
con las celosías que propor-
cionan una sutil ilumina-
ción lateral a la estancia.

Dos de las salas de los
baños de Comares, en los
que destaca la bóveda con
tragaluces estrellados.

Sobre la sala de las Camas del baño Real
de Comares se sitúan las estancias del piso
superior, iluminadas por una linterna for-
mada por 16 vanos en arco que se abren a
los cuatro puntos cardinales.

Un discreto arco en un extremo del patio de los Arrayanes conduce al palacio de los Leones, una zona privada, donde el sultán y sus esposas podían vivir sin apenas contacto con el exterior. En cada una de las principales salas nacen sendos canales que convergen en la famosa fuente de los Leones, emulando los cuatro ríos del paraíso descritos en el Corán. Aquí, la armonía entre la arquitectura, la decoración y el agua alcanza las cotas más elevadas.

◄ El bosque de columnas de las tribunas del patio genera capiteles de formas muy distintas.

▲ Detalle de uno de los doce famosos leones de mármol que sostienen la fuente del patio.

«Agua y mármol parecen confundirse, sin que sepamos cuál de ambos se desliza». Este fragmento forma parte de los doce versos del poeta granadino Ibn Zamrak (1333-1393) grabados sobre la fuente y que celebran la belleza del lugar. Tanto la pila como los doce leones son de mármol blanco procedente de las cercanas canteras de Macael, en la provincia de Almería.

Arriba, la sala de los Reyes,
una larga nave a la que se
abren tres alcobas. A la
izquierda, los arcos de uno
de los accesos a la sala.

▶▶ En las páginas siguientes,
la cúpula central de la sala
de los Reyes, que representa
a los diez primeros monar-
cas de la dinastía nazarí y da
nombre a la estancia.

Iluminados por el sol que
entra a través de las ventanas superiores, los refinados
mocárabes que decoran las
cúpulas de las alcobas de la
sala de los Reyes parecen
tener luz propia.

La espectacular cúpula de mocárabes de la sala de los Abencerrajes propone una brillante transición desde la planta cuadrada de la estancia a la forma estrellada de la cubierta.

◄ Perspectiva desde la sala
de Dos Hermanas, con el
canal que la comunica con la
fuente de los Leones.

▲ La cúpula octogonal de
mocárabes, asentada sobre
una base estrellada, es el
elemento más destacado
de la estancia.

El canal que fluye desde la
sala de Dos Hermanas hasta
la fuente de los Leones dis-
curre bajo arcos y bóvedas
revestidos de motivos orna-
mentales delicadísimos.

Arco central del patio del
Harén, entrada a la zona más
recóndita del edificio, donde
el sultán y su familia vivían
lejos de las miradas de los
funcionarios y los cortesanos.

Las celosías contribuían a la privacidad de las estancias reales. Bellísimas inscripciones en yeso ciñen la banda superior e inferior de los arcos de las ventanas.

▲ La arquitectura que rodea al patio de la Lindaraja, presidido por el mirador homónimo, se asemeja a un claustro y es ya de época cristiana, aunque en el período musulmán pudo presentar un ambiente ajardinado similar.

▶ Contiguo a la sala de Dos Hermanas, el mirador de Daraxa o Lindaraja ofrecía al sultán vistas del patio homónimo y de toda Granada. La panorámica de la ciudad quedó cegada con la construcción, en 1526, del palacio de Carlos V.

© **Triangle Postals SL**
Sant Lluís, Menorca
triangle@triangle.cat
www.triangle.cat

Texto
© Ricard Regàs

Fotos
© Pere Vivas
Laia Moreno, p. 8, 41, 60, 61, 62
Hans Hansen, p. 10, 17, 18, 26, 52
Ricard Pla, p. 48

Diseño gráfico
David Martínez

Impresión
Agpograf
Impreso en España, 4-2024

Depósito legal Me 118-2024

ISBN 978-84-1012-717-3

Este libro no podrá ser reproducido total ni
parcialmente mediante ningún procedimiento,
incluidos la reprografía y el tratamiento
informático, sin la autorización escrita
de los titulares del copyright.

Triangle·Books